Como tirar proveito dos seus inimigos

O livro é a porta que se abre para a realização do homem.

Jair Lot Vieira

PLUTARCO

COMO TIRAR PROVEITO DOS SEUS INIMIGOS

TRADUÇÃO, INTRODUÇÃO E NOTAS
MARIA APARECIDA DE OLIVEIRA SILVA
Graduada em História, Mestre em História Econômica
e Doutora em História Social (USP)
Pós-Doutora em Estudos Literários (Unesp)
Pós-Doutora em Letras Clássicas (USP)

Copyright da tradução e desta edição © 2019 by Edipro Edições Profissionais Ltda.

Título original: *De capienda ex Inimicis Vilitate. Moralia.* v. I. Traduzido do grego a partir da tradução de W. R. Panton, I. Wegehaupt e M. Polenz, publicada pela Teubner, em 1993.

Todos os direitos reservados. Nenhuma parte deste livro poderá ser reproduzida ou transmitida de qualquer forma ou por quaisquer meios, eletrônicos ou mecânicos, incluindo fotocópia, gravação ou qualquer sistema de armazenamento e recuperação de informações, sem permissão por escrito do editor.

Grafia conforme o novo Acordo Ortográfico da Língua Portuguesa.

2ª edição 2019

Editores: Jair Lot Vieira e Maíra Lot Vieira Micales
Coordenação editorial: Fernanda Godoy Tarcinalli
Tradução, introdução e notas: Maria Aparecida de Oliveira Silva
Revisão: Paulo A. Teixeira e Fernanda Godoy Tarcinalli
Projeto gráfico: Estúdio Design do Livro
Arte da capa: Estúdio Design do Livro
Diagramação: Karine Moreto de Almeida

Dados Internacionais de Catalogação na Publicação (CIP)
(Câmara Brasileira do Livro, SP, Brasil)

Plutarco,
    Como tirar proveito dos seus inimigos / Plutarco ; tradução, introdução e notas Maria Aparecida de Oliveira Silva. – 2. ed. – São Paulo : Edipro, 2019.

    Título original: Πῶς ἄν τις ὑπ᾽ ἐχθρῶν ὠφελοῖτο.

    Bibliografia.
    ISBN 978-85-521-0073-7

    1. Ética 2. Filosofia antiga I. Silva, Maria Aparecida de Oliveira. II. Título.

15-00869   CDD-170

Índice para catálogo sistemático:
1. Plutarco : Filosofia moral : 170

São Paulo: (11) 3107-4788 • Bauru: (14) 3234-4121
www.edipro.com.br • edipro@edipro.com.br
 @editoraedipro   @editoraedipro

Sumário

Introdução, 9

Como tirar proveito dos seus inimigos, 19

Bibliografia, 75

Introdução

Plutarco dedica este tratado ao seu amigo Cneu Cornélio Pulcro, um romano de origem grega, descendente de uma nobre e abastada família da cidade de Epidauro, na região da antiga Grécia, que nos tempos da dominação romana recebeu o nome de Província da Acaia. Segundo o autor, a escrita deste tratado foi inspirada por uma frase de Xenofonte que recomenda aos seus leitores que aprendam a tirar proveito dos seus inimigos; do mesmo modo, este texto ainda se constitui um adendo ao seu tratado anterior denominado *Preceitos políticos*, como lemos a seguir:

> Parece-me que convém ao homem público examinar com cuidado os outros assuntos a respeito dos ini-

migos e ouvir Xenofonte, não de modo superficial, quando diz que é próprio daquele que tem inteligência também "tirar proveito dos seus inimigos". Justamente sobre os quais recentemente estive presente nesse lugar para falar e, reunindo-os aproximadamente com os mesmos nomes, eu os envio a ti, poupando o que, sobretudo, havia escrito em *Preceitos políticos*, visto que vejo que tens aquele tratado com frequência em tuas mãos (*Como tirar proveito dos seus inimigos*, 86C-D).

Como bem notou Puech[1], por suas boas relações com o poder romano e sua participação ativa na vida quotidiana de sua Província, Cornélio Pulcro simboliza o ideal de homem político para Plutarco, que admirava sua capacidade de conciliar a ordem romana ao modo de fazer política dos gregos, assegurando aos descendentes dos gregos a paz necessária para o desenvolvimento de suas atividades, bem como da manutenção das suas tradições políticas.

Silva acrescenta ainda que o interesse de Plutarco não era apenas formar uma comunidade política, mas também cultural, pois, embora os gregos

---

[1] Barbara Puech. Prosopographie des amis de Plutarque. *Aufstieg und Niedergang der römischen Welt*, Band 33.6, 1992, p. 4.843.

não tivessem mais seu espaço geográfico claramente definido, encontram sua identidade nas suas práticas culturais. O território grego havia sido dividido e invadido pelos romanos, além disso, as comunidades que representavam a cultura grega no Império Romano estavam distribuídas em diversas regiões, por exemplo, como a região da antiga Grécia peninsular, a da chamada Magna Grécia e a da Ásia Menor. A unidade cultural defendida por Plutarco torna-se perceptível na formação de uma comunidade intelectual cuja escrita de suas obras ocorre em língua grega, com argumentos e referências a antigos autores gregos, e ainda na sua religião e religiosidade, na adoção de uma educação pautada nos valores da paideia grega, entre outras práticas.[2]

Assim, *Como tirar proveito dos seus inimigos* é composto em forma de uma carta direta a Cornélio Pulcro, que se aplicava à atividade política. Por esse motivo, Plutarco escreve que não existe atividade política que esteja ausente da rivalidade, do ciúme e da inveja, por conseguinte, das inimizades que nascem dessas paixões. Portanto, o homem público deve

---

[2] SILVA, Maria Aparecida de Oliveira. *Plutarco e Roma*: o mundo grego no Império. São Paulo: Edusp, 2014. p. 239-241.

aprender a arte de tirar proveito desses inimigos, como vimos; Plutarco cita Xenofonte para demonstrar que isso é, antes de tudo, um ato de inteligência.[3] É interessante notar que Plutarco traça uma linha evolutiva das vantagens que o homem tira, ao longo de sua história, dos animais selvagens, considerados os seus primeiros inimigos, afirmando que:

> Bastava aos antigos que não fossem atacados pelos animais estranhos à sua espécie e selvagens, e essa era a finalidade dos embates daqueles contra os animais selvagens. Seus descendentes já utilizavam o que haviam aprendido com eles e tiravam proveito disso, alimentavam-se de suas carnes, vestiam-se com suas peles, curavam-se com suas bílis e com os colostros de suas fêmeas, armavam-se com seus couros, de modo que é justo temer que, se os animais selvagens tivessem faltado para os homens, a sua vida teria sido selvagem, parca e incivilizada (*Como tirar proveito dos seus inimigos*, 86D).

---

[3] Embora Plutarco cite Xenofonte para sua reflexão sobre um homem público, Lorch argumenta que, para o ateniense, um homem desperta inimizades tanto pela sua habilidade na vida pública como na vida privada, e que a boa administração de um lar também gera inimigos. Consultar: Benjamin Lorch, Xenophon's Socrates on Political Ambition and Political Philosophy. *The Review of Politics*, v. 72, n. 2, 2010, p. 205.

O autor destaca a necessidade de se estar atento à maldade dos inimigos, munidos da prudência e da sensatez. Outro ponto importante é melhorar a nós mesmos utilizando os inimigos como instrumento, visto que diante das suas ofensas podemos desenvolver nossa capacidade de autodomínio e de nos mantermos silentes. Ambas essas capacidades nos levarão ao entendimento das partes de seus discursos, tornando-nos aptos a distinguir quais delas são verdadeiras e quais são falsas, pois:

> o que nos impede de tomar o inimigo como um professor sem salário, de tirar proveito e de aprender algo dentre as coisas que nos passam despercebidas? Pois o inimigo percebe muitas coisas mais que o amigo (pois "o amor é cego a respeito do objeto amado", como diz Platão) [...]. (*Como tirar proveito dos seus inimigos*, 90A-B).

Plutarco ainda aconselha que, para nos relacionarmos com os nossos inimigos, é necessário aprendermos a conter nossa própria inveja diante dos seus sucessos e manter nossa alegria diante da sua prosperidade; nesse sentido, os inimigos aprimoram o nosso autodomínio e nos tornam magnânimos diante dos demais. Portanto, os inimigos, se soubermos aplicar a arte de tirar proveito deles, podem nos ser úteis para o nosso caminho em busca da virtude. A originalidade da visão de Plutarco sobre a utilidade dos inimigos[4] despertou a atenção de autores já do período imperial romano, como o filósofo Favorino, século II d.C., e do bizantino Estobeu, século V d.C., um compilador de fragmentos das obras dos autores gregos.[5]

A presente tradução foi realizada diretamente do texto grego, e procuramos manter sua estrutura sintática próxima à da língua portuguesa. Para que o texto na língua portuguesa se tornasse inteligível, uma vez que nem sempre o texto grego, quando traduzido literalmente, oferece compreensão ao leitor, efetuamos algumas alterações em sua sintaxe. A tradução de *Como tirar proveito dos seus inimigos* apresentada nes-

---

[4] Como bem notou Konstan, entre os antigos gregos, a amizade e a inimizade eram postas em campos opostos, como antagônicas quanto aos benefícios e aos prejuízos que traziam aos indivíduos. Portanto, sob essa perspectiva, Plutarco inova ao ver vantagens em termos inimigos. Sobre a oposição específica entre amizade e inimizade, consultar: David Konstan, "Greek Friendship", *The American Journal of Philology*, v. 117, n. 1, 1996, p. 73.

[5] Konrat Ziegler, "Plutarchos von Chaironeia", em *Paulys Real-Encyclopädie der Classischen Altertumswissenschaft*, Stuttgart, Verlag, 1951, cols. 800-803.

te volume tem como texto base o utilizado na edição Plutarchus. *De capienda ex Inimicis Vilitate. Moralia.* v. I. Translated by W. R. Panton, I. Wegehaupt e M. Polenz (Eds.). Leipzig: Teubner, 1993.

COMO TIRAR PROVEITO
DOS SEUS INIMIGOS

86B · **1.** Vejo, Cornélio Pulquério¹, que escolheste o modo mais dócil de administração política, na qual és mais prestativo aos negócios públicos, e te apresentas como o mais inofensivo, em particular, aos que te
86C · solicitam algo. Visto que um território sem animais selvagens, como relatam, é possível encontrar em Creta², mas uma administração política que não car-

---

¹ Amigo a quem Plutarco dedica este tratado. Cneu Cornélio Pulquério é descendente de uma nobre família de Epidauro, cidade da Grécia. Ele assume diversas magistraturas municipais em Corinto. Foi tribuno na Síria da Legião IV *Scythica* e depois procurador de Epiro. Recebeu o título equestre do imperador Adriano, também foi Grande Sacerdote do culto imperial pela Acaia, nome dado à Província que corresponde à antiga Grécia. Em 133 d.C. foi eleito o primeiro arconte Panhelênico.

² Ilha grega situada no mar Egeu. Conhecida por ser o local em que o rei Minos ordenou a seu arquiteto Dédalo a construção de um labirin-

rega consigo nem inveja, nem ciúme ou rivalidade, até hoje não existe (mas se não houver nenhum outro motivo, as amizades nos enlaçam com as inimizades); o que também o sábio Quílon[3] pensou quando alguém lhe disse que não tinha nenhum inimigo e perguntou se ele não tinha nenhum amigo[4], parece-me que convém ao homem público examinar com cuidado os outros assuntos a respeito dos inimigos e ouvir Xenofonte[5], não de modo superficial, quando

---

to, para abrigar o filho disforme e monstruoso de Pasífae, sua mulher. O filho bastardo de sua esposa foi concebido com um touro enviado pelo deus Posídon, por esse motivo o Minotauro, que na verdade se chamava Astérion, tinha a cabeça de um touro em um corpo humano. Em seu tratado *Da malícia de Heródoto*, 860C, Plutarco afirma que Antenor escreveu uma *História dos cretenses*, da qual nos restam apenas fragmentos, e nada sabemos sobre seu autor.

[3] Segundo Diógenes de Laércio, era filho de Damageto. Quílon de Esparta foi um éforo do ano da 55ª Olimpíada, calcula-se que em 555 a.C. Muito conhecido por sua sabedoria, integrava algumas listas dos Sete Sábios da Grécia antiga. O filósofo atribui-lhe ainda 200 versos elegíacos. Consultar: Diógenes Laércio, *Vidas e doutrinas dos filósofos ilustres*, III, 68-73. Heródoto, em *Histórias*, I, 59, demonstra sua sabedoria ao narrar um episódio em que Quílon dá conselhos a Hipócrates. Do mesmo modo, Plutarco transforma Quílon em um dos principais debatedores de seu tratado em forma de diálogo *Banquete dos sete sábios*.

[4] Plutarco, em um discurso direto, também registra esse episódio em seu tratado *Do grande número de amigos*, 96A.

[5] Escritor e soldado mercenário, 430-355 a.C. Filho de Grilo, não se sabe o nome de sua mãe. Foi amigo de Sócrates na juventude, a quem

diz que é próprio daquele que tem inteligência também "tirar proveito dos seus inimigos"[6]. Justamente sobre os quais recentemente estive presente nesse lugar para falar e, reunindo-os aproximadamente com os mesmos nomes, eu os envio a ti, poupando o que, sobretudo, havia escrito em *Preceitos políticos*[7], visto que vejo que tens aquele tratado com frequência em tuas mãos.

---

dedicou uma obra intitulada *Apologia de Sócrates*. Admirador de Esparta, Xenofonte lutou no exército espartano ao lado do rei Agesilau, mas antes serviu como soldado mercenário no exército de Ciro, quando participou da famosa travessia dos dez mil, que ele registrou em sua obra *Anabasis*.

[6] Xenofonte, *Econômico*, I, 15, e *Ciropedia*, I, 6, 11.

[7] Tratado de Plutarco que chegou ao nosso tempo. *Preceitos políticos* foi escrito para atender ao pedido de um amigo, Menemaco, um nobre cidadão de Sárdis que desejava se dedicar à política na sua cidade natal, mas não tinha tempo para frequentar as lições de um filósofo, então pediu a Plutarco que lhe redigisse instruções de como atuar na vida política. Esse tratado é rico de reflexões sobre a política e de exemplos práticos das ações dos homens políticos.

2. Bastava aos antigos que não fossem atacados pelos animais estranhos à sua espécie e selvagens, e essa era a finalidade dos embates daqueles contra os animais selvagens. Seus descendentes já utilizavam o que haviam aprendido com eles e tiravam proveito disso, alimentavam-se de suas carnes, vestiam-se com suas peles, curavam-se com suas bílis e com os colostros de suas fêmeas, armavam-se com seus couros[8],

---

[8] Os couros eram usados especialmente na confecção dos escudos. Havia um escudo leve chamado *pelte*, usado por uma armada ligeira, feito de couro de cabra; o couro ainda era usado como extensão dos escudos de bronze para a proteção contra projéteis, pedras e lanças. Também encontramos couro nas correias que sustentavam os escudos, nas vestimentas dos soldados, por exemplo.

de modo que é justo temer que, se os animais selvagens tivessem faltado para os homens, a sua vida teria sido selvagem, parca e incivilizada⁹. Portanto, visto que é suficiente aos demais homens que não passem mal nas mãos dos seus inimigos, e Xenofonte afirma que aqueles que têm inteligência tiram proveito dos seus adversários,¹⁰ não se deve duvidar disso, mas sim procurar um método e uma arte, pelos quais isso resulte em algo belo para aqueles, já que é impossível viver sem um inimigo. O agricultor não pode transformar todo tipo de árvore em um cultivo frutífero, nem o caçador pode domesticar todo tipo de animal selvagem; procuraram, conforme outras necessidades, tirar proveito, aquele das árvores que não davam frutos e este dos animais que eram selvagens. A água do mar não é potável e é de má qualidade, mas alimenta os peixes, e é condutora para todo lugar,

---

⁹ Plutarco expressa esse mesmo raciocínio em seu tratado *Quais dentre os animais são mais inteligentes, os terrestres ou os marinhos*, 964A e 965B. Nesse tratado, Plutarco discute com seu pai Autobulo e seu amigo Soclaro sobre o quanto os animais são providos de inteligência e raciocínio, onde encontramos críticas à caça e ao uso dos animais nos espetáculos dos gladiadores, ainda o reconhecimento de Plutarco à colaboração dos animais para o bom desenvolvimento da vida humana.

¹⁰ Xenofonte, *Econômico*, I, 15, e *Ciropedia*, I, 1, 11.

sendo um acesso para os que são transportados em
86F · um navio; quando um sátiro[11], como tinha visto o fogo pela primeira vez, quis beijá-lo e abraçá-lo, Prometeu[12] disse:

*Como um bode,
tu chorarás por tua barba!*[13]

Pois também o fogo queima aqueles que o toca, mas fornece luz e calor, e é instrumento para todo

---

[11] Os sátiros eram companheiros dos deuses, em particular de Dioniso; representavam a capacidade criadora dos seres vivos, vegetais ou animais. Eram representados como seres de pequena estatura, de cabelo espetado, orelhas longas e pontiagudas, com chifres e barbas de bode, uma grande cauda de cabra e um membro sexual avantajado e sempre ereto.

[12] Filho de Iápeto e de Ásia ou de Clímene, todos da raça dos Titãs. Os primeiros relatos sobre o mito de Prometeu dão conta de que ele moldou os primeiros homens com barro, portanto, é considerado o criador da raça humana. Já em Hesíodo, século VII a.C., na sua *Teogonia*, 508 e ss, Prometeu é um amigo dos homens que rouba o fogo de Zeus e o concede como um presente aos homens (*Teogonia*, 565-571). Na peça *Prometeu acorrentado*, o tragediógrafo Ésquilo, séculos VI-V a.C., compõe seus versos para narrar a punição de Zeus e suas consequências para a vida de Prometeu.

[13] Ésquilo, *Prometeu porta-fogo*, fragmentos contidos em Nauck, *Trag. Graec. Frag.*, n. 207.

tipo de arte para os que aprendem como utilizá-lo. E ainda observa teu inimigo, ainda que seja de diversos modos prejudicial, intratável, de qualquer maneira permite sua aproximação e sua utilidade particular, também é vantajoso. Também, dentre os acontecimentos, muitos são hostis, odiosos, adversos para aqueles que os encontram em seu caminho; mas vês que também alguns que têm doenças do corpo as utilizam para a sua tranquilidade, e os esforços dos combates que sobrevieram a muitos, esses os fortaleceram e os exercitaram. E alguns ainda encontraram para si o tempo livre e a filosofia, pela privação da pátria e pela rejeição às suas provisões de dinheiro, como Diógenes[14] e Crates[15];

87A

---

[14] Trata-se de Diógenes, o Cínico, 404-323 a.C., nascido em Sinope, uma cidade da Ásia Menor, localizada no mar Negro. O epíteto do filósofo deu nome à escola conhecida como Cínica, que se centrava na praticidade da doutrina filosófica. Diógenes também protagonizou, segundo Plutarco, o famoso episódio sobre seu encontro com Alexandre, o Grande. Na ocasião, Alexandre o teria visitado e lhe perguntado sobre o que ele poderia fazer por ele, visto que Diógenes morava em um barril; o filósofo lhe respondeu que ele poderia ficar de lado para que lhe restituísse a luz do sol. Consultar Plutarco, *Da sorte de Alexandre*, 717C; há também o relato de Diógenes de Laércio, *Vida e doutrinas dos filósofos ilustres*, VI, 79.

[15] Nascido na cidade de Tebas, localizada na região da península do Peloponeso, 365-285 a.C. Filho do abastado Ascondo de Tebas, Diógenes doou seus bens para os pobres e foi viver em Atenas, onde apren-

mas Zenão[16], quando foi informado de que o navio fretado por ele havia naufragado, disse: "Fazes bem, ó sorte, porque nos empurra para o manto surrado do filósofo"[17]. Pois, tal como os mais fortes estômagos e mais saudáveis dos animais que comem e digerem serpentes e escorpiões, há os que se alimentam com pedras e ostras (transformam-nas pela forte tensão e pelo calor do sopro da vida), e os nauseentos e doentes, que sofrem enjoos quando lhes trazem pão e vinho, assim, os néscios destroem suas amizades, enquanto os prudentes são capazes de se servir apropriadamente dos seus inimigos.

87B

---

deu a filosofia cínica e tornou-se um discípulo de Diógenes de Sinope. Para mais detalhes sobre sua vida e filosofia, consultar Diógenes de Laércio, *Vida e doutrinas dos filósofos ilustres*, VI, 87.

[16] Nascido em Cítio, uma cidade da ilha de Chipre, 333-263 a.C., foi discípulo do filósofo cínico Crates de Tebas; depois, fundou sua própria escola, conhecida como Estoica. Para mais informações sobre o filósofo, consultar Diógenes de Laércio, *Vida e doutrinas dos filósofos ilustres*, V, 1-38.

[17] Plutarco repete este episódio em seus tratados *Do bom ânimo*, 467D, e *Do exílio*, 603D. Encontramos citações a esse episódio em Sêneca, *Da tranquilidade da alma*, XIII, e em Diógenes de Laércio, *Vida e doutrinas dos filósofos ilustres*, VI, 5.

3. Em primeiro lugar, portanto, parece-me que o que é mais prejudicial da inimizade pode se tornar o mais vantajoso para aqueles que se dedicam a isso. O que é isso então? O inimigo sempre está vigilante, põe-se à espreita das tuas ações, procura um pretexto de toda parte, patrulha a tua vida, não somente olhando através do carvalho, como Linceu[18], nem através das pedras e dos cacos, mas através do

---

[18] Filho de Afareu, não temos notícias sobre o nome de sua mãe, apenas que pertence à raça dos Perseidas. Linceu participou da caça de Cálidon, que tinha como missão capturar um terrível javali que arrasava a cidade. A aventura faz parte das muitas vividas pelos Argonautas, os marinheiros que tripulavam a nau Argos, cujo capitão era Jasão. Linceu se destacava por sua vista penetrante, a ponto de conseguir ver por meio de uma prancha de carvalho.

teu amigo, do teu escravo e de todo aquele que te for familiar; tanto quanto possível, está descobrindo as tuas ações e as que desejas, cavando-as e procurando--as com cuidado. Pois, muitas vezes, os nossos amigos também adoecem e morrem, passando despercebidos para nós, porque fomos negligentes ou porque lhes demos pouca importância, enquanto, em uma única noite dos nossos inimigos, eles também bisbilhotam os nossos sonhos; e ainda doenças, dívidas e discórdias com suas mulheres passam mais despercebidos aos amigos que ao inimigo. Mas é, sobretudo, aos erros que eles se detêm e seguem seus rastros. E como os abutres são levados pelos odores de corpos mortos, eles não têm a percepção pelos sentidos daqueles que estão limpos e saudáveis; assim, as partes da vida que estão doentes e enfraquecidas, e as partes afetadas estimulam o inimigo, e aqueles que nos odeiam se lançam sobre elas e as atacam, e as diláceram. Isso então é algo vantajoso? Sim, com certeza, tomando cuidado para viver, estar atento a si mesmo, não fazer nada com negligência, não dizer nada irrefletidamente, mas sempre observar, tal como em um regime cuidadoso, uma vida não exposta aos ataques; pois a precaução, que assim contém as paixões e concentra o raciocínio, introduz a prática cuidadosa e o propósito de viver com moderação e de modo irrepreensível. Pois como, pelas guerras com os vizinhos e expedições militares contínuas, as cidades tornam-se moderadas, e têm predileção por uma boa legislação e um governo saudável, assim também os que são impelidos por algumas inimizades a permanecerem sóbrios em sua vida, se manterem afastados da fraqueza de caráter, pensarem com presunção e praticarem cada ação com utilidade, porque ignoram que são levados à infabilidade pelo hábito, e colocarem em ordem o seu comportamento, por pouco que a razão seja levada em consideração. Pois é isto:

87F ·
Na verdade se alegrariam Príamo
e os filhos de Príamo.[19]

Sempre que o temos à mão, desvia-os, afasta-os e nos afasta daquelas circunstâncias nas quais os nossos inimigos ficam contentes e riem. E, certamente, ve-

---

[19] Homero, *Ilíada*, I, 255. Episódio em que Nestor argumenta que a dissensão entre Agamêmnon e Aquiles iria contentar Príamo, o rei de Troia, visto que a divisão do exército aqueu somente traria benefícios aos troianos.

mos artistas de teatro[20] relaxados e sem zelo, frequentemente representando não com exatidão nos teatros quando estão uns com os outros; mas quando existem rivalidade e concurso uns com os outros, não somente eles atraem sua atenção para os outros elementos cênicos, como mais para os seus instrumentos, afinando-os, ajustando-os da forma mais precisa e ressoando os sons de flauta. Então, quem sabe que seu inimigo é um antagonista da sua vida e da sua opinião presta mais atenção em si mesmo, observa suas ações e põe em ordem sua vida. Visto que isso é particularidade do vício, que é ficar mais envergonhado diante dos inimigos que dos amigos nas circunstâncias em que cometemos um erro. De onde, Nasica[21], quando alguns pensavam e diziam que os

---

[20] Em grego, τοὺς περὶ τὸν Διόνυσον τεχνίτας (*toùs perì tòn Diónyson tekhnítas*), que signifca literalmente: "os artífices de Dioniso", pois a figura deste deus também está relacionada ao teatro. Os festivais teatrais da Grécia antiga ocorriam em sua homenagem, daí os artistas de teatro serem chamados de "os artífices de Dioniso".

[21] Publio Cornélio Cipião Nasica, século II a.C., governador da Hispânia Ulterior que, conforme o relato de Tito Lívio, criticou a destruição da cidade de Cartago, opondo-se ao determinado por Catão, por acreditar que a sobrevivência da cidade traria benefícios aos romanos, visto que eles não teriam motivos para a prostração; consultar: *História de Roma*, XXXV-XXXVI. O argumento de Nasica revela que a cidade de Cartago estimulava o crescimento de Roma, que apenas conseguiu

negócios públicos dos romanos estavam em segurança porque haviam destruído os cartagineses e subjugaram os aqueus[22], "Agora, então", ele disse, "que estamos sem segurança, porque não deixamos para nós a quem temermos nem de quem nos envergonharmos".

---

destruir a rica cidade do norte da África no seu último confronto conhecido como a Terceira Guerra Púnica, em 146 a.C. Na biografia de Catão, ao contrário do historiador romano, Plutarco nos relata que Nasica discursou contra o aniquilamento de Cartago ter sido destruída; consultar: *Vida de Catão*, XXVII. Catão é o autor da famosa frase *Delenda est Cartago*, isto é, "Cartago deve ser destruída".

[22] Nome dado aos gregos já em Homero; em virtude disso, a Grécia recebeu dos romanos o nome de Província Acaia.

4. Portanto, ainda acrescenta a declaração de Diógenes[23], que é exata para um filósofo e político: "Como me defenderei do meu inimigo? Tornando-me belo e bom"[24]. Quando os homens veem que os cavalos dos seus inimigos são valorizados e os seus cães são elogiados, ficam aborrecidos. Quando os homens veem seu território sendo levado à perfeição e seu jardim florescendo, ficam se lamentando. O que pensas então, se tu mesmo te mostrares um

---

[23] Consultar o passo 87A.

[24] Em grego, καλὸς κἀγαθός (*kalòs k'agathós*), expressão que literalmente significa "belo e bom", e que resume o ideal de conduta do homem grego, que é o de ser virtuoso. Esse episódio também é relatado por Plutarco em seu tratado *Como distinguir o bajulador do amigo*, 21E.

homem justo, sensato, prestativo, louvável em teus discursos, íntegro em tuas ações, disciplinado em teu modo de vida,

*Colhendo frutos do profundo sulco
do teu coração, de onde brotam
os prudentes conselhos?*[25]

88C "Vencidos", diz Píndaro[26], "os homens são acorrentados pelo profundo silêncio"[27], não é simples assim nem cabe a todos, mas quantos veem a si mesmos vencidos pelos inimigos em cuidado, em serventia, em grandeza de sentimentos, em sentimento de humanidade e nas boas ações; isso "faz voltar atrás a

---

[25] Ésquilo, *Sete contra Tebas*, 593-594.

[26] Poeta tebano, 518-446 a.C., compositor que elevou a tradição dos cantos corais dóricos. Os dezessete livros de sua obra estão divididos em hinos, peãs, ditirambos, canções para procissões, canções para donzelas, canções para dançar, encômios, cantos fúnebres e canções de vitória ou epinícios. Os quatro livros de canções de vitória, e alguns fragmentos, foram preservados mais destacadamente os dos seus peãs.

[27] Píndaro, fr. 229 Snell.

língua", como Demóstenes[28] afirma, "bloqueia a boca, sufoca, faz calar."[29]

> *Tu, difere-te dos maus;*
> *pois é possível.*[30]

Se quiseres perturbar aquele que odeias, não o censures por ser homossexual, nem fraco, nem licencioso, nem charlatão, nem servil, mas sê tu próprio um homem, sê prudente, dize a verdade, usa o sentimento de humanidade e de justiça com aqueles que encontrares pelo teu caminho. Mas se tu fores impelido a censurá-lo, evita te estenderes muito sobre as falhas daquele que censuras em ti mesmo. Mergulha na tua alma, examina tuas fraquezas, para que alguém não fale com voz baixa, vinda de algum lugar, sobre teu vício, o do verso trágico:

88D

---

[28] Orador ateniense, 384-322 a.C., nascido no demo de Peânia, considerado o maior orador grego da Antiguidade, destacou-se por seus discursos antimacedônicos pela luta da autonomia dos gregos. Há uma biografia deste orador composta por Plutarco, consultar *Vida de Demóstenes*.

[29] Demóstenes, *Sobre a falsa embaixada*, 208.

[30] Eurípides, *Orestes*, 251.

> *Médico dos outros, quando tu mesmo*
> *estás coberto de chagas.*[31]

Se dizes que é um ignorante, faze crescer em ti mesmo o gosto pelo aprendizado e o amor pelo trabalho; se dizes que é um covarde, levanta mais em ti mesmo a ousadia e a coragem; se dizes que é insolente e licencioso, faze desaparecer da tua alma qualquer vestígio de gosto pelo prazer que haja escondido nela. Pois não existe nada mais vergonhoso nem mais doloroso que a maledicência quando retorna para quem a proferiu, e parece também que o reflexo da luz incomoda mais a vista fraca, também que dentre as calúnias que são reconduzidas aos caluniadores pela verdade. Pois como o vento do nordeste arrasta as nuvens, também a vida leviana arrasta sobre si as calúnias.

---

[31] Eurípides, Nauck, *Trag. Graec. Frag.* n. 1086, p. 807. Fragmento de uma peça desconhecida. Verso citado também em *Como distinguir o bajulador do amigo*, 71F.

5. Então Platão[32], todas as vezes que estava ao lado de homens que se comportavam mal, costumava se perguntar: "Será que de algum modo eu não sou como esses?"[33]. E se aquele que criticou outra vida, examinar a si mesmo e mudar para melhor, corrigindo-a e direcionando-a para o contrário, obterá algo útil dessa

---

[32] Filósofo ateniense, 429-347 a.C., conhecido por seu método dialético exposto na forma de diálogos. Em 387 a.C., fundou a Academia, primeira escola filosófica da Grécia antiga, cujo nome homenageia Academo. Está localizada em um bosque que abrigava o túmulo desse herói conhecido por ter revelado aos Dióscuros o lugar onde Teseu havia escondido Helena, após raptá-la de Esparta.

[33] Não se sabe de qual obra platônica Plutarco retirou essa pergunta. O curioso é que ele a repete em mais três tratados: *Da audiência*, 40D; *Preceitos de saúde*, 129D; e *Da ausência de cólera*, 463E.

crítica, de outro modo pareceria inútil e vazia, como é. A maioria então ri quando alguém que é calvo ou corcunda critica e ridicariza outros por isso; em geral é ridículo criticar e ridicularizar o que quer que seja que possa ser criticado de volta, como Léon[34] de Bizâncio[35] foi criticado por um corcunda por ter sua vista fraca, ele disse: "Insultas um sofrimento humano, quando carregas nas costas a vingança divina"[36]. Portanto, não critiques um adúltero, se és louco por jovens, nem um perdulário, se tu próprio és um sovina.

---

[34] Orador e filósofo do século IV a.C., acredita-se que tenha sido discípulo de Platão. Plutarco faz referência ao seu caráter genioso, como vemos neste passo (88F), e esse mesmo episódio é relatado em seu tratado em forma de diálogo *Assuntos de banquete*, 633C-D. Plutarco ainda relata outro episódio em que Léon de Bizâncio retruca alguns atenieneses que caçoam da sua baixa estatura em seu tratado *Preceitos políticos* 804A-B.

[35] Atual cidade de Istambul, na Turquia, Bizâncio foi fundada por colonos gregos da cidade Mégara em 658 a.C., e recebeu o nome de seu rei Bizante.

[36] Em grego, τὴν νέμεσιν (*tèn némesin*), aqui traduzido como "vingança divina", remete-nos a nêmesis, que é um conceito recorrente no pensamento grego e que tinha uma deusa homônima, Nêmesis, a personificação dessa vingança divina, que se apresenta como deusa do pudor e da justiça distributiva, encarregada de castigar o orgulho ou o excesso de felicidade.

> *Descendes da mesma família de uma*
> *mulher assassina do marido*[37]

e Alcméon[38] disse isso a Adrasto[39]. O que então fez aquele? Não lhe dirigiu um insulto relativo a outrem, mas um que lhe era pessoal:

89A · *E tu és o assassino da mãe que te gerou.*[40]

---

[37] Eurípides, *Alcméon*, peça perdida da qual temos apenas fragmentos. Nauck, *Trag. Graec. Frag, Adespot.*, n. 358, p. 906.

[38] Alcméon é o filho mais velho de Anfiarau e de Erífile, um adivinho argivo que participou da caçada ao javali calidônio e da expedição dos Argonautas. No entanto, o adivinho tornou-se mais célebre por sua participação na malsucedida expedição dos Setes contra Tebas, para a qual foi enviado depois de um ardil de sua esposa, ciente de que ele morreria nessa expedição, o que de fato ocorreu. Ele teve sua morte vingada por seus filhos, sendo um deles Alcméon. Sobre o episódio em que sua mulher o convence a participar da expedição, consultar: Diodoro Sículo, *Biblioteca histórica*, IV, 65.4-66.1. Há uma tragédia de Ésquilo em que o poeta conta a história dessa malfadada expedição em sua peça intitulada *Sete contra Tebas*.

[39] Adrasto, rei de Tebas, era irmão de Erífile, que planejou a morte de seu marido Anfiarau. Assim, Adrastro também é tio de Alcméon, que vai se juntar aos irmãos para matar a mãe pelo assassinato de seu pai Anfiarau. Para mais detalhes, consultar a nota anterior.

[40] Eurípides, *Alcméon*. Nauck, *Trag. Graec. Frag. Adespot.*, n. 358, p. 906. Sobre o episódio citado, consultar as duas notas anteriores.

E Domício[41] pergunta a Crasso[42]: "Não foi tu que choraste quando a moreia que tu alimentavas em um viveiro morreu?[43] E o outro retrucou: "Não foi tu que não choraste quando enterraste tuas três mulheres?". Aquele que critica não deve ser bem-nascido, de voz potente e agressivo, mas incensurável e irrepreensível; pois assim parece que a ninguém o deus prescreve a quem se preocupa em injuriar o outro que "conhece-te a ti mesmo"[44], a fim de que não digam o que querem

---

[41] Lúcio Domício Enobarbo, cônsul romano em 94 a.C.

[42] Lúcio Licínio Crasso, cônsul romano em 95 a.C. Apesar de descender de uma nobre família romana, e de sua amizade com Cícero, o maior orador de seu tempo, Crasso não desenvolveu habilidade retórica, com isso não obteve projeção na política. Ficou conhecido por impedir os que não eram nobres de participar da vida política romana, fechando as escolas de retórica, e também por ter negado a cidadania romana aos italianos.

[43] O fato de Crasso criar uma moreia parece ter sido algo notório e curioso à época de Plutarco, pois ele faz referência a esse particular em dois outros de seus tratados: *Preceitos políticos*, 811A e *Quais dentre os animais são mais inteligentes, os terrestres ou os marinhos*, 976A. Existe outra referência a essa criação de Crasso em Eliano, um historiador militar e orador romano do século II d.C., em sua obra *Das características dos animais*, VIII, 4.

[44] Em grego, "γνῶθι σαυτόν" (*gnôthi sautón*), "conhece-te a ti mesmo", segundo Pausânias, é a máxima escrita no frontão do santuário de Apolo em Delfos, o deus a quem Plutarco se refere. Consultar Pausânias, *Descrição da Grécia*, X, 24, 1. Mas antes de Pausânias, século II d.C., no século IV a.C., Platão já faz referência a essa máxima como sen-

para ouvir o que não querem. Pois, conforme Sófocles[45], "é costume" que ele seja de tal tipo:

89B ·
> *Vertendo em vão a língua*
> *para de malgrado escutar palavras*
> *que disse de bom grado.*[46]

---

do de autoria de Sócrates em seus diálogos, por exemplo, *Protágoras*, 343b, e *Fedro*, 229e.

[45] Tragediógrafo grego, 496-405 a.C., nascido em Colono, próxima a Atenas.

[46] Sófocles, versos de uma peça desconhecida, Nauck, *Trag. Graec. Frag.*, n. 843.

6. Portanto, existe algo vantajoso e útil nessa censura ao inimigo; mas não é menos que a outra que é ser censurado por alguém e ouvir alguém ser malfalado pelos inimigos. Por isso, Antístenes[47] corretamente diz que aqueles que são cuidadosos em se preservar necessitam de amigos verdadeiros ou inimigos inflamados; pois aqueles, por nos admoestarem, e os outros, por nos censurarem, afastam-nos dos erros. Visto que a amizade hoje se tornou uma voz fraca no momento em que se deve falar aberta-

---

[47] Filósofo ateniense, 445-365 a.C., foi um dos discípulos de Sócrates, mas antes teve aulas de retórica com o mais famoso sofista de sua época: Górgias de Leontinos, a quem Platão dedicou seu diálogo *Górgias*, justamente por sua habilidade retórica.

89C · mente, a adulação dela é tagarela, enquanto seu conselho é sem voz, e a verdade deve ser ouvida dos inimigos. Pois, como Télefo[48], porque não tinha um médico familiar, ofereceu seu ferimento à lança do inimigo[49], assim é necessário àqueles que precisam de um conselho favorável que se submetam à palavra de um inimigo odioso, se lhe expuser e punir por um vício, examinando seu feito, mas não a ideia de te maldizer. Pois, como aquele que tinha o propósito de matar Prometeu, o Tessálio[50], atacou-o com sua espada no seu tumor e o arrancou, de modo a ter salvado o homem ao remover o seu tumor aberto,

89D · assim, frequentemente, uma crítica lançada pela cólera ou pela inimizade cura um vício da alma, ou porque era ignorado, ou porque era negligenciado. Mas

---

[48] Filho de Héracles e de Auge. Télefo foi ferido na perna por Aquiles quando defendia seu povo do ataque dos aqueus que aportaram na sua terra, a Mísia, pensando se tratar da Frígia.

[49] Depois de ter sido ferido pela lança de Aquiles na coxa, Télefo foi acudido pelo herói, que usou a ferrugem de sua lança para estancar o seu ferimento. A peça *Télefo,* de Eurípides, da qual temos fragmentos, narra esse episódio do filho de Héracles. Sobre a ferida de Télefon, consultar Nauck, *Trag. Graec. Frag.*, fr. 724.

[50] Alcunha de Jasão de Feras, como demonstra Xenofonte em *Helênicas,* II, 3, 36, e mais tarde encontramos a mesma referência em Cícero, *Da natureza dos deuses*, III, 28, 70, e em Didoro Sículo, *Biblioteca histórica*, XV, 57-60. Jasão foi tirano de Feras, século IV a.C., que expandiu seu poder pela região, tornando-se o senhor da Tessália.

a maioria dos que são criticados não examinam se o que foi dito lhes pertence, mas alguma outra crítica que pertença a quem os está criticando, e como os lutadores com a poeira, não retiram de si as críticas, mas a espalham uns nos outros, em seguida, misturam-se e se tingem com ela, são derrubados uns pelos outros. E aquele que ouviu ser malfalado por um inimigo deve afastar de si o que lhe foi imputado mais que uma nódoa presa ao manto que te foi mostrada; mas se alguém disser que são defeitos que não nos pertencem, igualmente devemos procurar a razão pela qual a blasfêmia originou-se e nos manter vigilantes, temendo que algo tenha nos passado despercebido e que cometemos um erro ou parecido ou semelhante ao que foi dito. Tal Lacides[51], o rei de Argos[52], por sua cabeleira um tanto arrumada e seu modo de caminhar mais delicado, foi acusado de ser um fraco, e Pompeu[53], porque usava um dedo para coçar sua

---

[51] Não há outra referência sobre esse rei.

[52] Cidade grega localizada na península do Peloponeso, segundo Heródoto, no período arcaico, Argos se destacou por ser um grande centro comercial da Grécia que ainda negociava mercadorias com os fenícios; consultar: *Histórias*, I, 1.

[53] Cneu Pompeu, 106-48 a.C., notável chefe militar romano, por suas grandiosas vitórias recebeu o cognome de "Magno", o Grande, quan-

cabeça[54], embora estivesse muito longe de ser afeminado e licencioso. E Crasso[55] recebeu a acusação de ter tido relações sexuais com uma das virgens sagradas[56], porque desejava comprar uma bela parte de um terreno dela, e por isso, frequentemente, encontrava-a em particular e lhe dispensava atenção[57].

89F · E Postúmia[58], sempre pronta para rir, aproximava-se utilizando sua conversa cheia de confiança com

---

do contava ainda 25 anos. Exerceu os mais altos postos da política romana, participando de uma associação política conhecida como o Primeiro Triunvirato, ao lado de César e de Crasso, em que eles administraram Roma, de 59 a 53 a.C.

[54] Costume de Pompeu que Plutarco registra também na *Vida de Pompeu*, LXVIII, e na *Vida de César*, IV, e igualmente em *Preceitos Políticos*, 800D.

[55] Marco Licínio Crasso, 115-53 a.C., ilustre chefe militar, foi partidário de Pompeu, participou do Primeiro Triunvirato com ele e César, e depois foi aliado de Marco Antônio.

[56] Essas virgens sagradas eram chamadas de vestais, porque eram as sacerdotisas da deusa romana Vesta, personificação do fogo sagrado, da lareira doméstica e da cidade. As vestais tinham a obrigação de manter sua virgindade, caso contrário, eram punidas com a morte.

[57] Plutarco relata esse episódio no primeiro capítulo de sua biografia de Crasso.

[58] Descendente da *gens Postumia*, Tito Lívio conta que a vestal foi acusada de violar a sua castidade, mas que ela foi absolvida; seu relato não cita o nome de Crasso, também não é possível datar a época do ocorrido, visto que não há outro dado que possibilite situá-lo no tempo. Consultar Tito Lívio, *História de Roma*, IV, 44.

os homens, de modo a ser julgada por sedução. Ela teve a chance de ficar livre da acusação, mas Espúrio Minúcio[59], o sumo pontífice, quando a libertou, lembrou-lhe que não utilizasse palavras indignas de seu modo de vida. E com relação a Temístocles[60], que não foi condenado, sofreu a suspeita de traição em virtude de sua amizade com Pausânias[61], por lhe escrever continuamente e enviar suas cartas para ele[62].

---

[59] Não há informações dele além desse pontífice, nem mesmo em Tito Lívio.

[60] Político ateniense, filho de Néocles, século V a.C. Temístocles foi eleito arconte em 493 a.c. e defendeu a criação de uma frota ateniense que permitiu aos gregos vencerem os persas na Batalha de Salamina em 480 a.C., ainda que Atenas se tornasse a principal cidade do mar Egeu e fosse a líder da Liga de Delos. Sobre a Batalha de Salamina, consultar Heródoto, *Histórias*, VII, 166-168, e VIII, 40-130; e sobre Temístocles, consultar a sua biografia escrita por Plutarco.

[61] Rei ágida de Esparta. Por Esparta ser a maior rival de Atenas, a troca de correspondência entre eles foi vista como um ato de traição.

[62] Episódio relatado também na *Vida de Temístocles*, XXIII.

7. Quando então é dito algo que não é verdadeiro, porque é uma mentira, não deves desprezar e descuidar dela, mas examinar algo semelhante à calúnia que te foi imputada dentre as palavras que foram ditas por ti, ou dentre as ações que realizaste, ou dentre as ocasiões nas quais te empenhaste e dentre as tuas relações sociais, e lidares com isso e disso escapares. Pois se outros, quando se envolveram em infortúnios indesejados, aprenderam algo proveitoso, tal como Mérope[63] disse:

---

[63] Filha de Cípselo, rei da Arcádia, que casou com Crestofontes, um Heraclida, que na partilha do Peloponeso obteve a cidade da Messênia. Em uma disputa pela região, Polifontes, outro Heraclida, matou Crestofontes e seus dois filhos, e ainda casou à força com Mérope. Ela havia conseguido salvar o seu filho mais novo, Épito, que, quando se tornou

*E as desventuras me tomaram
como paga o que me era mais querido,
ofereceram-me sabedoria,*[64]

o que nos impede de tomar o inimigo como um professor sem salário, de tirar proveito e de aprender algo dentre as coisas que nos passam despercebidas? Pois o inimigo percebe muitas coisas mais que o amigo (pois "o amor é cego a respeito do objeto amado,"[65] como diz Platão), e com o ódio há tagarelice em companhia da indiscrição. Híeron[66] foi criticado por seu inimigo por ter mau cheiro na boca. Então, quando

90B

---

jovem e retornou da Etólia, local para onde sua mãe havia lhe enviado, juntou-se à Mérope e vingou a morte de seu pai e de seus irmãos, depois se tornou o rei da Messênia.

[64] Eurípides, *Cresfontes*, peça perdida, consultar Nauck, *Trag. Graec. Frag.*, p. 458 e 501.

[65] Platão, *Leis*, 731e.

[66] Tirano de Siracusa. Como houve dois, um em 478-467 a.C. e outro em 270-215 a.C., provavelmente se trata do primeiro, pois Plutarco cita esse mesmo episódio em seu tratado *Ditos lacônicos*, 175B, cuja fonte mais utilizada é Xenofonte, que escreveu um diálogo chamado *Híeron*. Também porque Híeron I foi o mais célebre dos dois, seus feitos foram cantados pelos poetas líricos Píndaro e Baquílides, em razão de suas vitórias nos Jogos Olímpicos e Píticos. Além disso, Híeron era famoso por ter acolhido em sua corte os poetas Simônides, Ésquilo e Epicarmo.

retornou para casa, perguntou à mulher: "O que me dizes? Tu nunca comentaste comigo a respeito disso". E ela, porque era prudente e ingênua, respondeu-lhe: "Pensava que todos os homens cheiravam como tal". Desse modo, também as coisas apreensíveis pelos sentidos, perceptíveis pelo físico e visíveis em tudo são apreendidas pelos inimigos, que as percebem primeiro que os amigos e familiares.

8. À parte disso, sobre o domínio da língua, como não é uma parte pequena da virtude, não é possível tê-la sempre sob controle e dócil ao freio com o raciocínio, a não ser que alguém se exercitasse, com a prática e o trabalho árduo, subjugasse os males das paixões, tal é a cólera. Pois a "palavra que é solta contra a vontade"[67] e a

Palavra que escapa da cerca dos dentes,[68]

---

[67] Frase notadamente homérica, por seus vocábulos. No entanto, não é possível identificar de qual obra foi retirada.

[68] Trata-se de uma expressão recorrente na obra homérica; consultar, por exemplo: Homero, *Ilíada*, IV, 350, ou XIV, 83; *Odisseia*, I, 64.

também "algumas palavras que espontaneamente voam"[69], isso acontece sobretudo com os que têm espíritos despreparados, por exemplo, praticam deslizes e são débeis pela fraqueza do seu espírito, pelo pensamento desregrado e pelo seu modo de vida impudente. E pela palavra, que é a coisa mais leviana, o mais pesado castigo, conforme o divino Platão[70], vem dos deuses e dos homens[71].

90D · E o silêncio de qualquer maneira não precisa prestar contas (não somente não causa sede[72], como diz Hipócrates[73]), e nas calúnias, mostra-se também

---

[69] Frase não encontrada nas obras de Homero, mas que apresenta um estilo tipicamente homérico, como o uso do vocábulo αὐτόματα (*autómata*), que traduzimos aqui por "espontaneamente".

[70] É interessante destacar que Plutarco escreveu diversos tratados em que fez inúmeras referências a teorias filosóficas platônicas, com ênfase na sua concepção de virtude. Em *Da educação das crianças* 2C, Plutarco afirma que Platão goza de uma *dóxēs aeimnēstou*, (δόξης ἀειμνήστου), isto é, "reputação memorável", e ainda se refere ao filósofo como alguém que é *ho daimónios* (ὁ δαιμόνιος), ou seja, "o enviado pelos deuses" (2E), o que confere autoridade inconteste a suas palavras.

[71] Platão, *Leis*, 717c e 935a.

[72] Não se sabe a qual obra pertence essa máxima, que Plutarco repete em seu tratado *Da tagarelice*, 515A.

[73] Nascido na ilha grega de Cós, 460-380 a.C., considerado o melhor médico dos gregos, atribui-se a ele a redação de 53 obras sobre me-

socrático, ou melhor, heracliano, se é verdade que este também

> *Não se interessa por palavras odiosas*
> *tanto quanto por uma mosca.*[74]

Sem dúvida, nada é mais honorável e belo que isso, que manter a calma diante de um inimigo caluniador,

> *Como que navegando por*
> *uma rocha escorregadia, passa*
> *pelo que gosta de zombar,*

mas o melhor é o exercício. Se te acostumares a suportar o silêncio enquanto o teu inimigo te calunia, muito facilmente suportarás a raiva da tua mulher quando ela falar mal de ti, e as palavras cortantes que

---

dicina, escritas em dialeto jônico, que desenvolvem os mais variados assuntos relacionados à saúde, à alimentação e ao modo como se deve viver uma vida saudável. Por essa visão de médico ideal, a ciência médica adotou o seu conhecido Juramento de Hipócrates.

[74] Frase cuja origem não foi identificada pelos estudiosos.

ouves do teu amigo e do teu irmão, tu as deixarás para trás sem perturbação; e ainda quando teu pai e tua mãe te baterem e atirarem algo em ti, te mostrarás sem cólera e sem ressentimento. Pois Sócrates[75] suportava Xantipe[76], que era irascível e intratável, porque com complacência conviveria com os outros se estivesse acostumado a suportá-la[77]; é muito melhor que se acostume a se exercitar com os inimigos, os estranhos, as impudências, as cóleras, os sarcasmos e as calúnias, para o espírito ficar tranquilo e não se zangar nos momentos em que está sendo caluniado.

---

[75] Filósofo ateniense, 469-399 a.C., cujo pensamento filosófico encontra registro em Platão e, em menor escala, em Xenofonte. Foi condenado a beber cicuta em 399 a.C. pela acusação de impiedade e corrupção dos jovens.

[76] Esposa de Sócrates, século V a.C., mãe de Lâmprocles, Sofronisco e Menexeno, que eram menores quando Sócrates foi condenado a beber cicuta, aos 70 anos de idade. Em virtude disso, conclui-se que ela era bem mais jovem que ele. A imagem de Xantipe era a de uma mulher irritante e que exauria a paciência de Sócrates, conforme se vê nas obras dos filósofos cínicos, que retiraram da obra *Banquete*, de Xenofonte, as informações sobre esse seu caráter.

[77] Xenofonte, *Banquete*, II, 10.

9. Então, a afabilidade e a resignação deve-se mostrar entre as inimizades, e ainda a retidão, a grandeza de sentimentos e a bondade, mais que entre as amizades. Pois não existe algo tão belo como fazer bem ao amigo, como é vergonhoso não fazer algo quando ele precisa; e ainda é conveniente deixar de lado a vingança do inimigo quando se apresenta o momento propício. Além disso, aquele que se compadece no momento em que o inimigo está caindo e estende suas mãos quando ele está em necessidade, que mostra boa vontade e um tanto de diligência com seus filhos, familiares, infortúnios gerados na necessidade, qualquer um que não aprecie sua benevolência nem louve sua bondade, aquele,

91A ·
> *De diamante ou de ferro é forjado*
> *o seu negro coração.*⁷⁸

Quando César⁷⁹ ordenou que as estátuas honoríficas de Pompeu⁸⁰ que tinham sido derrubadas fossem reerguidas, Cícero⁸¹ disse: "Ao reergueres as estátuas de Pompeu, solidificaste as tuas".⁸² Por essa

---

⁷⁸ Píndaro, *Fragmentos*, 123.

⁷⁹ Caio Júlio César, 100-44 a.C., o maior gênio militar e administrativo dos romanos. Destacou-se pela conquista da Gália, exerceu o posto de cônsul e foi eleito ditador de 49 a 44 a.C. Foi assassinado por seu filho adotivo Bruto em 44 a.C., pouco antes de ser eleito como ditador vitalício de Roma. Inúmeros foram os seus feitos, os quais se encontram em parte registrados, em particular, nas suas biografias escritas por Suetônio e Plutarco.

⁸⁰ Cneu Pompeu Magno, 106-48 a.C., notável líder militar, tornou-se famoso por suas vitórias na Sicília e no Norte da África. Em razão delas, recebeu o título de "Magno", o Grande, aos 25 anos de idade. Para mais informações sobre o general romano, consultar Plutarco, *Vida de Pompeu*.

⁸¹ Marco Túlio Cícero, 106-43 a.C., o maior orador romano, também o mais polêmico e obstinado político de sua época. Escreveu diversas obras sobre os mais variados temas, que servem de modelo retórico até os nossos dias. Plutarco escreveu uma biografia de Cícero na qual podemos conhecer um pouco mais da vida deste ilustre orador.

⁸² Este episódio é registrado em vários de seus escritos, Plutarco o relembra em seu tratado *Ditos de generais e reis*, 205, na *Vida de César*, LVII, e na *Vida de Cícero*, XL.

razão, não se deve poupar elogio nem honra de um inimigo, quando esse homem adquiriu com justiça boa reputação. Pois realizar um elogio é melhor àqueles que elogiam, e traz a confiança se outra vez sofrer uma acusação, como não por odiar o homem, mas por reprovar a sua ação; mas o que é mais belo e mais útil é quando ele se coloca mais distante da inveja, quando seus amigos estão tendo boa sorte e seus familiares estão sendo bem-sucedidos por ter se acostumado a elogiar, não se morder de inveja nem olhar com olhar malévolo quando eles obtêm sucessos. Ainda assim, que outro exercício praticado é mais bem aproveitado pela alma ou a coloca em melhor disposição que a retirada da inveja excessiva e da rivalidade de nós? Pois como na guerra existem muitas práticas pelas necessidades, ainda por cima malévolas, que quando tomadas pelo costume e pela força da lei, não são possíveis de facilmente serem afastadas; assim, a inimizade introduz, ao mesmo tempo, a inveja com o ódio, e deixa a marca da rivalidade quanto à alegria com a desventura do outro e à lembrança dos seus erros. Além disso, também a astúcia, o engano e a conspiração, parecendo que não são malévolos nem injustos para o inimigo, quando se formam, permanecem sem que possamos nos desvencilhar deles. Em seguida, eles mesmos os utilizam contra seus amigos, por estarem habituados, a não ser que não tenham se preservado, utilizam-nos contra os inimigos. Se então Pitágoras[83], quando tentou acostumar os homens a se manter afastados da violência e do espírito de cupidez em relação aos animais irracionais, intercedia junto aos caçadores pelos pássaros, comprava as redes dos pescadores e ordenava que eles os soltassem, e proibia que se matasse todo animal doméstico; isso é, sem dúvida, mais digno de honra, nos momentos das discussões e nas rivalidades com os homens; punir seus sentimentos maldosos, mesquinhos e ardilosos e ações vulgares, quando um inimigo é nobre, justo e franco, a fim de que, em todos os seus acordos com os amigos, esteja firme e se afaste da ação maldosa. Escauro, que era inimigo de Domício, também foi seu acusador. Então, um servo de Domício foi até ele antes do julgamento porque tinha algo para lhe revelar que ele desconhecia, mas ele não permitiu

---

[83] Filósofo e matemático, século VI a.C., nasceu em Samos e depois foi para Crotona, no Sul da Magna Grécia, por volta de 513 a.C., onde fundou sua Escola. Embora não tenha escrito nenhum livro, seus pensamentos filosóficos influenciaram diversos filósofos, como Platão, por exemplo.

dizer, mas agarrou-o e o levou até o seu senhor[84]. E quando Catão[85] acusava Murena[86] de corrupção e reunia as provas, segundo o costume, era acompanhado por homens que observavam suas ações.

91E · E eles frequentemente então lhe perguntavam se ele tinha alguma intenção de reunir as provas naquele dia ou de se empenhar na acusação; e se dissesse que não, retiravam-se confiando nele.[87] Então, isso é uma grande prova de sua reputação; mas o melhor e mais belo é nos servirmos do que é justo e acostumarmo-nos a isso com os nossos inimigos, porque contribuímos para que jamais tratemos injusta e ardilosamente nossos parentes e amigos.

---

[84] Segundo Cícero, *Para o rei Deiotaro*, XI, 31, o tribuno da plebe, Gaio Domício Aenobarbo era o acusador e Mário Escauro Domício era o acusado de violar ritos cerimoniais. O escravo pertencia a Escauro e o tribunato de Domício foi em 104 a.C.

[85] Marco Pórcio Catão Uticense, 96-46 a.C., foi defensor da República e pretor, 54 a.C., reconhecido seguidor da filosofia estoica por querer se igualar ao seu grande ancestral Catão, o Velho. Plutarco redigiu biografias para ambos os Catões, consultar *Vida de Catão, o Velho* e *Vida de Catão, o Jovem*.

[86] Lúcio Licínio Murena, 105-22 a.C., político romano, foi eleito cônsul em 62 a.C.

[87] Plutarco registra esse episódio também na *Vida de Catão, o Jovem*, XXI.

10. Visto que "em todas as cotovias de topete devem nascer cristas"[88], segundo Simônides[89], e que toda natureza humana traz a rivalidade, o ciúme nocivo, a inveja, "companheira dos homens frívolos"[90], como diz Píndaro, alguém poderia tirar proveito sem moderação dessas paixões se fizesse as suas purificações no meio dos seus inimigos e as afastasse, como se estivessem canalizadas[91], o mais longe dos compa-

---

[88] Simônides, fr. 68, Berck, *Poet. Lyr. Graec.* III, p. 418.

[89] Simônides de Céos, 556-468 a.C., poeta grego, o mais célebre autor de epigramas do período arcaico, conhecido por ter sido o primeiro a ter transformado a poesia em um ofício e a receber por ela.

[90] Píndaro, fr. 212 Snell.

[91] Plutarco registra essa mesma expressão em seu tratado *Do amor fraterno*, 487F.

nheiros e dos familiares. E isso, como parece, foi percebido por um político, cujo nome é Demo; quando uma parte da população foi vencida em uma revolta interna que houve em Quios[92], e ele recomendou aos companheiros que não banissem todos os que haviam se revoltado, mas que deixassem alguns, e ele disse: "A fim de que não comecemos a divergir dos amigos, porque estamos livres de todos os tipos de inimigos".[93] Portanto, também quando essas paixões são consumidas por nós diante dos nossos inimigos menos incômodos causaremos aos nossos amigos. Pois "um oleiro" não deve "invejar um oleiro" nem "um aedo a um aedo", conforme Hesíodo[94], nem emular um vizinho, nem um parente, nem um irmão, "apressando-se para a opulência"[95] e obtendo-a pela prosperidade das riquezas. Mas, se não existir nenhum outro modo de libertação das lutas, das invejas e das rivalidades, acostuma-te a ser mordido pela inveja quando os teus

---

[92] Ilha grega situada no mar Egeu, que integra o complexo de ilhas conhecido como Cíclades, por sua formação geográfica ser semelhante à de um círculo no mar.

[93] Plutarco igualmente registra esse episódio em seu tratado *Preceitos políticos*, 813B.

[94] Poeta grego nascido na cidade de Ascra, na Beócia, no século VIII a.C.

[95] Trechos retirados de Hesíodo, *Os trabalhos e os dias*, 25-27.

inimigos obtêm sucessos, e também estimula e aguça a rivalidade naqueles, afiando-te. Pois, como os hábeis agricultores, consideram que tornam as rosas e as violetas melhores se cultivarem-nas ao lado de alhos e cebolas (pois julgam que lá existe todo tipo de acidez e de amargor na alimentação), assim também o inimigo, quando tu tomas para si e compeles a tua malícia e o teu mau agouro, apresenta-te o mais bem-sucedido e sem sofrimentos aos teus amigos que passam bem. Por tudo isso também que as disputas contra aqueles devem ser feitas pela glória ou pelo poder ou pelos justos proveitos, não somente sem nos deixarmos morder pela inveja, se algo têm a mais do que nós, mas também em tudo estarmos atentos desde que eles possuam mais, e devemos tentar ultrapassá-los em seus cuidados, rivalidades, em sermos prudentes e prestativos para eles, como Temístocles[96] dizia que não se permitia dormir pela vitória de Milcíades[97] na Batalha de Maratona[98]. Pois aquele

---

[96] Plutarco também conta esse episódio na *Vida de Temístocles*, III, 3.

[97] General ateninense, 550-489 a.C., filho de Címon, foi eleito arconte em 524 a.C. Destacou-se por ter sido o comandante dos atenienses na guerra contra o persa Dátis em Maratona, onde o venceu em 490 a.C.

[98] Batalha travada em 490 a.C. contra os persas liderados por Dátis na cidade de Maratona, distante cerca de quarenta quilômetros de

que pensa que o seu inimigo distingue-se pela sua boa sorte nos cargos públicos, ou nos tribunais, ou na administração pública, ou com os amigos, ou com os poderosos, a partir disso age afundando-se na inveja, para olhar com seu olhar funesto para tudo e ficar sem ânimo, e convive com a ociosidade, a inveja e a apatia; enquanto aquele que não está cego a respeito odeia, mas também se torna um justo expectador da vida, do caráter, das palavras e das ações, e observará que a maior parte das coisas que lhe provocam inveja são pelo cuidado, pela previdência, pelas ações úteis que sobrevêm aos que os adquirem, e, diante disso, depois de se concentrar nesses valores, cultivará o seu amor pelas honrarias e pelo belo, e extirpará a preguiça e a indolência.

Atenas. Heródoto narra esse embate contra os persas no Livro VI de suas *Histórias*.

11. Mas se nossos inimigos, por serem aduladores, ou astuciosos, ou corruptos, ou mercenários obtiveram algumas coisas vergonhosas e parecerem seres vis para colher para si poderes nos tribunais e no exercício de seus cargos públicos, essas coisas não devem nos perturbar, mas, sobretudo, trazer-nos alegria, porque nós as comparamos com a sua liberdade, sua pureza de vida e isenta de ataque; pois "todo o ouro que existe embaixo da terra e em cima da terra não é equivalente à virtude"[99], conforme Platão, e se deve ter sempre ao alcance das mãos o dito de Sólon:

---

[99] Platão, *Leis*, 728a.

> *Mas nós não trocaremos*
> *com eles a nossa virtude pela*
> *vossa riqueza*[100]

92F· certamente, nem pelos gritos dos que foram subornados com banquetes nos teatros, nem pelas honras, nem pelos privilégios dos assentos da frente junto aos eunucos, às concubinas e sátrapas dos reis; pois nada é invejável nem belo quando nasce do que é vergonhoso. Mas, visto que "o amor é cego a respeito do objeto amado"[101], como diz Platão, e porque nossos inimigos despertam mais a nossa atenção quando têm mau comportamento, não deve existir ociosidade nem oportunismo nesses momentos, nos quais eles erram, nem sofrimento nos momentos em que eles atuam corretamente, mas levarmos em conta por ambos os lados, de modo que uma coisa preservemos para que sejamos melhores que eles, enquanto outras imitemos para que não sejamos piores que eles.

---

[100] Sólon, *Fragmentos*, IV, 10-11.

[101] Dito de Platão já citado por Plutarco no passo 90B deste tratado.

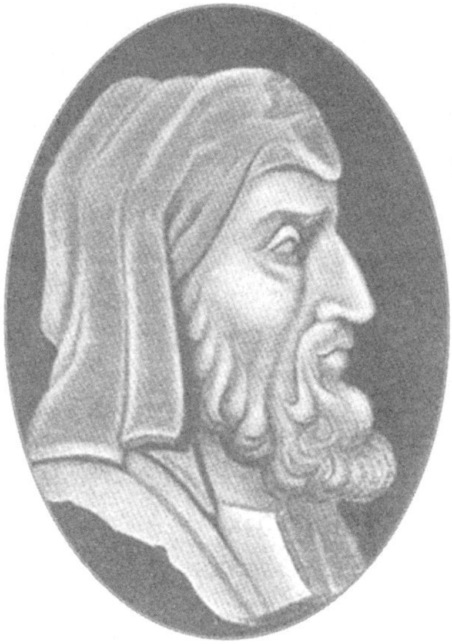

BIBLIOGRAFIA

Edições e traduções consultadas

PLUTARCH. *How to profit by one's enemies. Moralia.* v. II. Translated by Frank Cole Babbitt. Cambridge/Massachusetts/London: Harvard University Press, 2005.

PLUTARCHUS. *De capienda ex Inimicis Vilitate. Moralia.* W. R. Panton, I. Wegehaupt et M. Polenz (Eds.). Leipzig: Teubner, 1993.

PLUTARCO. *Como tirar proveito de seus inimigos, seguido de da maneira de distinguir o bajulador do amigo.* Trad. Isis Borges B. da Fonseca. Pref. e notas Pierre Maréchaux. São Paulo: Martins Fontes, 1997.

PLUTARQUE. *Comment on peut tirer profit de ses ennemis. Ouvres morales.* v. I. 2. Texte établi et traduit par Robert

Klaerr, Andre Philippn et Jean Sirinelli. Paris: Les Belles Lettres, 1989.

Livros e artigos

KONSTAN, David. Greek friendship. *The American Journal of Philology*, v. 117, n. 1, 1996, p. 71-94.

LORCH, Benjamin. Xenophon's Socrates on political ambition and political philosophy. *The Review of Politics*, v. 72, n. 2, 2010, p. 189-211.

PUECH, Barbara. Prosopographie des amis de Plutarque. *Aufstieg und Niedergang der römischen Welt*. Band 33.6, 1992, p. 4.829-4.893.

SILVA, M. A. O. *Plutarco e Roma*: o mundo grego no Império. São Paulo: Edusp, 2014.

ZIEGLER, Konrat. Plutarchos von Chaironeia. *Paulys Real--Encyclopädie der Classischen Altertumwissenschaft*. Stuttgart, Verlag, 1951, cols. 636-962.

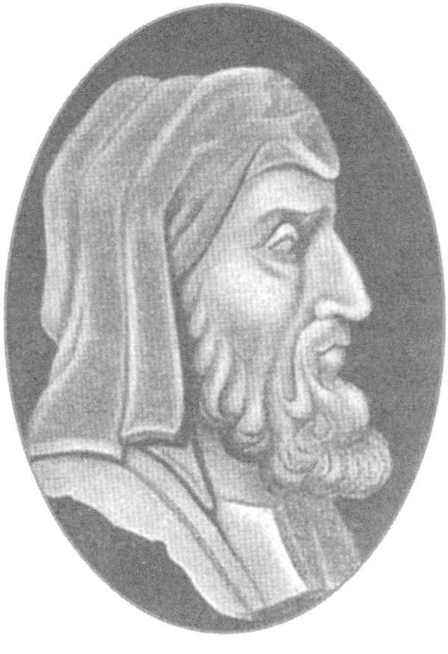

Este livro foi impresso pela Paym
em fonte Minion Pro sobre papel Norbrite 66,6 g/m²
para a Edipro no verão de 2019.